EL ALFABETO

Illustrated by Gwen Connelly

PASSPORT BOOKS
a division of *NTC Publishing Group*
Lincolnwood, Illinois USA

Contents

Dear Children,

This book is written especially for you. It will help you learn to say the whole alphabet in Spanish, to know the meanings of some Spanish words, and to learn to say those words right. There is a funny Spanish sentence for each letter and pictures that are sure to make you laugh. The pictures *show* you what the Spanish sentences mean, but if you're still not sure, you can look at the back of the book for the meaning in English.

We hope you have a lot of fun learning the letters *and* your first words in Spanish. *¡Buena suerte!* ("Good luck!")

To Parents and Teachers:

El Alfabeto is a fun-filled way to help children make their first contact with the Spanish language. Whimsical, alliterative sentences, accompanied by full-color illustrations, introduce each letter of the alphabet. The fantasy and humor of both the sentences and drawings make the child's initial impression of the Spanish language a pleasant, playful one.

At the back of the book, the child can learn the names of all the letters in the Spanish alphabet, the meaning of the Spanish sentences in English, and how to say Spanish sounds correctly. Finally, a Vocabulary at the back of the book gives the English meaning of each Spanish word used in the book.

El Alfabeto is sure to help children find Spanish and foreign languages in general an exciting, enjoyable experience.

Aa

¡**Ah! Alicia** cuelga un cartel de
animales en la sala.

Bb

La **blusa** juega con **burbujas** en la **bañera.**

Cc

Un **conejo corre con cuidado**
sobre la **cama** de **Carolina.**

Ch ch

Chuco lleva su nueva
chaqueta de **chocolate.**

Dd

Los **discos duermen** en el **dormitorio**.

Ee

Un **elefante elegante** está sentado **en** un **escritorio.**

11

Ff

La **falda** de **Fifi** tiene **frío** en el agua **frígida.**

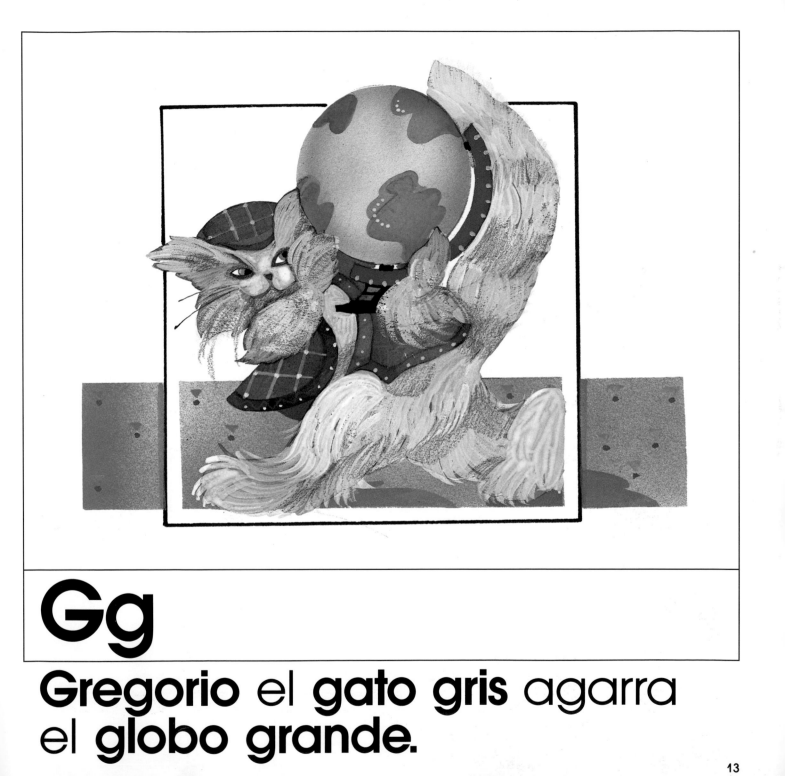

Gg

Gregorio el **gato gris** agarra
el **globo grande.**

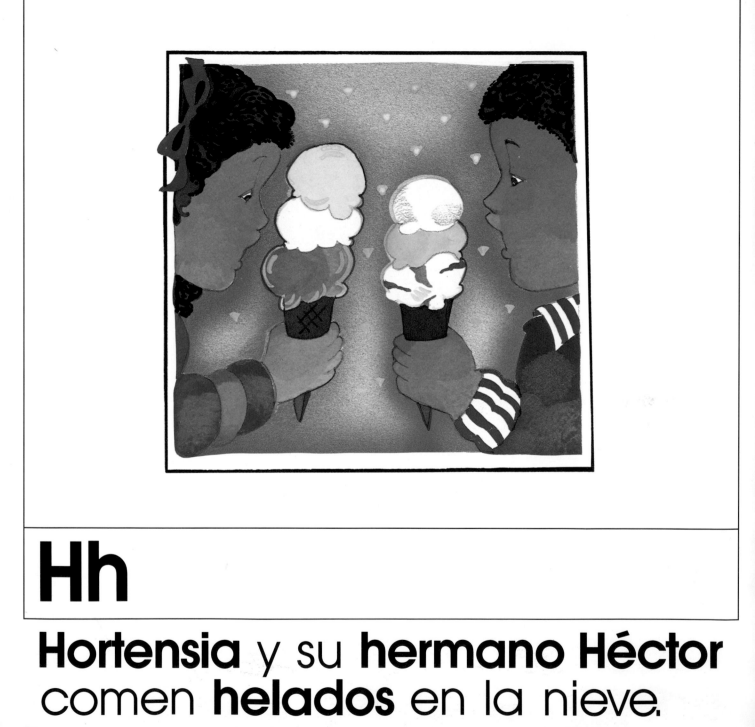

Hh

Hortensia y su **hermano Héctor** comen **helados** en la nieve.

Ii

Isabel Ibáñez de **Íbero** mira cinco **insectos inquietos.**

Jj Kk

Juan juega con **juguetes** que pesan tres **kilos.**

Ll

Linda la lora lava la lámpara.

Ll ll

La **llama** amarilla **llora** en la **lluvia.**

Mm

Mi muñeco Marcos tiene **miedo** de las **manzanas.**

Nn

Natalia la **naranja** tiene **nueve naranjitas** en la cuna.

Ññ

La **piña** de la **niña** lleva un traje de **baño.**

Oo

¡**Oh**! ¡Los **ojos** de **Oscar** el **oso** son rosados!

Pp

Pepe el **pato patina** en el **piano**.

Qq

¿**Qué quiere** el **quetzal?**
¿**Quizás** el **queso?**

Rr

Ricardo el **reloj rojo** se **ríe** del refrigerador.

Ss

Samuel el **sapo sorbe sopa** en **su sillón.**

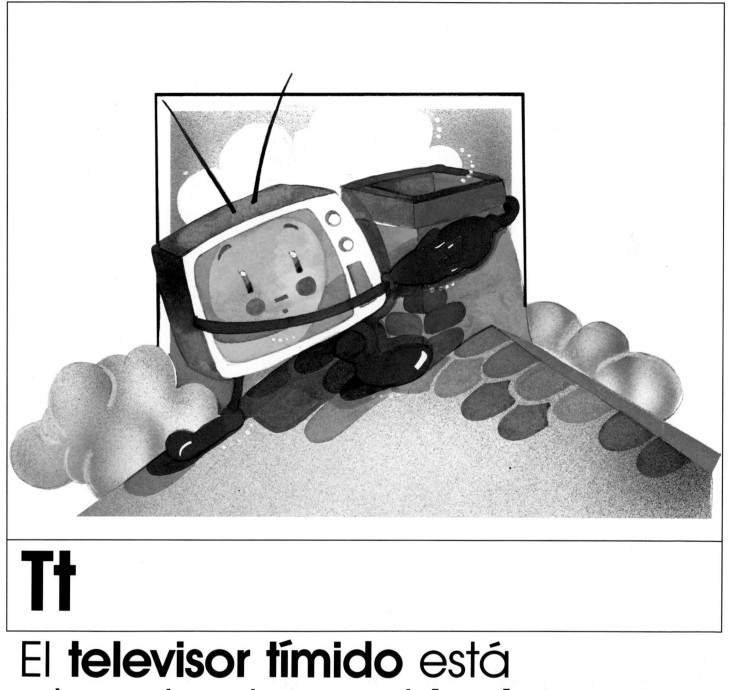

Tt

El **televisor tímido** está
aterrorizado en el **techo**.

Uu

El **último unicornio uruguayo**
come **uvas** azules.

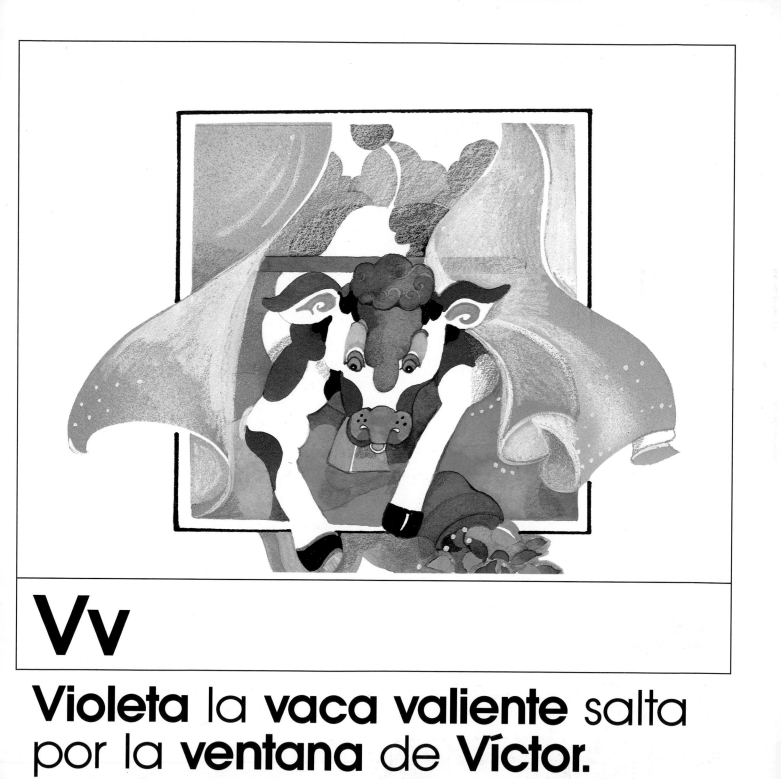

Vv

Violeta la **vaca valiente** salta por la **ventana** de **Víctor.**

Ww Xx

Tocando el **xilófono Oswaldo** come **sándwiches.**

Yy Zz

¡Yupi! ¡Yolanda y **yo** bailamos con **tazas** en los **zapatos!**

How to say the names of letters in Spanish...

Letter	How to say the letter name	Letter	How to say the letter name
Aa	*ah*	Nn	*énay*
Bb	*bay*	Ññ	*ényay*
Cc	*say*	Oo	*oh*
Ch ch	*chay*	Pp	*pay*
Dd	*day*	Qq	*koo*
Ee	*ay*	Rr	*éray*
Ff	*éfay**	Ss	*ésay*
Gg	*hay*	Tt	*tay*
Hh	*áchay*	Uu	*oo*
Ii	*ee*	Vv	*vay*
Jj	*hóhtah*	Ww	*vay dóblay*
Kk	*kah*	Xx	*ékees*
Ll	*élay**	Yy	*ee greeáygah*
Ll ll	*éyay*	Zz	*saytah*
Mm	*émay*		

* A mark like this (ˊ) over a vowel means that you should say the vowel more strongly than the rest of the word.

What the Spanish sentences mean...

Aa   Alice puts up an animal poster in the orange room.

Bb   The blouse is playing with bubbles in the bathtub.

Cc   A rabbit runs carefully over Caroline's bed.

Ch ch   Chucho is wearing his new chocolate jacket.

Dd   The records are sleeping in the bedroom.

Ee   An elegant elephant is seated on a desk.

Ff   Fifi's skirt is cold in the frigid water.

Gg   Gregory the gray cat grabs the big globe.

Hh   Hortense and her brother Hector eat ice-cream cones in the snow.

Ii   Isabel Ibáñez de Íbero looks at five squirming insects.

Jj Kk   John plays with toys that weigh three kilos.

Ll   Linda the parrot washes the lamp.

Ll ll   The yellow llama cries in the rain.

Mm   My puppet Mark is afraid of the apples.

Nn   Natalie the orange has nine baby oranges in the cradle.

Ññ   The girl's pineapple has a bathing suit on.

Oo   Oh! Oscar the bear's eyes are pink!

Pp   Joey the duck skates on the piano.

Qq	What does the quetzal want? Maybe the cheese?
Rr	Richard the red clock is laughing at the refrigerator.
Ss	Sam the toad sips soup in his easy chair.
Tt	The timid TV is terrified on the roof.
Uu	The last Uruguayan unicorn is eating blue grapes.
Vv	Violet, the valiant cow, jumps through Victor's window.
Ww	
Xx	While playing the xylophone, Waldo eats sandwiches.
Yy Zz	Yippee! Yolanda and I are dancing with teacups on our shoes.

How to say Spanish sounds...

In Spanish, many letters are said in a different way from English. The best way to learn to say Spanish sounds is to listen to Spanish-speaking people and copy what they say. But here are some rules to help you.

Below is a list of letters, with a guide to show you how to say each one. For each Spanish sound, there is an English word (or part of a word) that sounds like it. Read it out loud to find out how to say the Spanish sound. Then, practice saying the examples for each sound.

é   A mark like this above a vowel is called a "stress mark." It means that you should stress this part of the word; in other words, you should pronounce it more strongly than the rest.

a   Like the "a" in the English "cart" but not quite so long: **azules, lava, animales, blusa.**

e   An "e" at the end of a word sounds like the "a" in "late": **pone, sobre, tres, corre.**
      In any other part of a word, "e" sounds like "e" in "let": **conejo, hermano, fregadero, insectos.**

i   Usually like the "ee" in "feet": **piña, gris, discos, insectos.**
      In front of another vowel, i is pronounced like the "y" in "yes": **Violeta, quiere, lluvia, miedo.**

o   Like the "oe" in "toe": **alfabeto, conejo, rojo, techo.**

u   Usually, like the "oo" sound in "loot": **unicornio, blusa, muñeco, azules.**
      When it comes before a vowel, "u" sounds like the "w" in "wait": **Juan, duermen, nueve.**

y   When it is alone or at the end of a word, it is like the "ee" in "meet": **y.**
      But most of the time, "y" sounds like the "y" in "yes": **Yolanda, yo, Yugoslavia.**

Many consonants, such as "d" and "g," sound softer than they do in English.

ñ   A mark like this above an "n" makes it sound like the "ni" in the middle of the English word "onion": **niña, piña, muñeco, baño.**

h   The letter "h" is always silent in Spanish: **Hortensia, Hermano, Helados.**

z   Like the "s" in "case": **manzanas, quetzal, zapatos.**

c   "C" also has an "s" sound, when it is followed by an "i" or "e": **Alicia, cinco, cielo ("sky").**

Otherwise, it is pronounced like the "c" in "cat": **Marcos, toca, come, cama.**

b/v The letters "b" and "v" have the same sound in Spanish. To pronounce them, make a sound halfway between an English "b" and "v": **alfabeto, vaca, ventana, baño.**

r   The "r" in Spanish is a trilling sound made by putting your tongue behind your upper teeth and making the tip of your tongue move very fast: **gris, naranja, rojo, refrigerador.**

j   Like the "h" in "house" but rougher: **conejo, naranjas, ojos, juguetes.**

ll   "Ll" in Spanish sounds like the "y" in "yes": **lleva, sillón, amarilla, llora.**

qu   In Spanish, "qu" sounds like the "k" in "kite": **pequeño, chaqueta, queso, quiere.**

What the Spanish words mean...

agarra grabs
agua water
Alicia Alice
amarilla yellow
anaranjada orange
animales animals
aterrorizado terrified
azules blue

bailamos we dance
bailando dancing
bañera bathtub
barbujas bubbles
blusa blouse

cama bed
Carolina Caroline
cartel poster
cinco five
come eats
comen eat
con with
conejo rabbit
corre runs
cuelga hangs
cuidado care
cuna cradle

chaqueta jacket
chocolate chocolate

de of
del of the
discos records
dormitorio bedroom
duermen sleep

el the
elefante elephant
elegante elegant
en in, on
es is
escritorio desk
está is

falda skirt
frígida frigid, cold
frío cold

gato cat
globo globe
grande big
Gregorio Gregory
gris gray

helados ice cream, ice-cream cones
hermano brother
Hortensia Hortense

Inés Agnes
inquietos restless, squirmy
insectos insects

Juan John
juega plays
juguetes toys
kilos kilos, kilograms *(1 kilogram = 2.2 pounds)*
la the
lámpara lamp
lava washes
lora parrot
los the
llama llama *(a South American animal)*
lleva wears, carries
llora cries
lluvia rain
manzanas apples
Marcos Mark
mi my
miedo fear
mira looks at
muñeco puppet
naranja orange
naranjitas little oranges
nieve snow
Niña girl
nueva new
nueve nine

ojos eyes
oso bear
Oswaldo Oswald, Waldo
patina skates
pato duck
Pepe Joe
pequeño little
pesan weigh
piano piano
piña pineapple
por through
qué what, that
queso cheese
quetzal quetzal *(a Central American bird)*
quiere wants
quizás maybe
refrigerador refrigerator
reloj clock
Ricardo Richard
ríe laughs
rojo red
rosados pink
sala room
salta jumps
sándwiches sandwiches
sapo toad

se ríe del   laughs at the
sentado   seated
sillón   easy chair
sobre   across, over
son   are
sopa   soup
sorbe   sips
su   her, his, their

tazas   cups
techo   roof
televisor   television
tiene   has
tiene frío   is cold
tiene miedo   is afraid
tímido   timid
tocando   playing, while playing
traje de baño   bathing suit
tres   three

último   last
un   one, an, a
una   one, an, a
unicornio   unicorn *(a make-believe animal)*
uruguayo   Uruguayan
uvas   grapes

vaca   cow
valiente   valiant, brave
ventana   window
Violeta   Violet

xilófono   xylophone

y   and
yo   I
¡yupi¡   yippee!
zapatos   shoes